PHOENIX PROZESS

by

Jennifer Weidmann

Soul-To-Go

Edition Erleuchtung

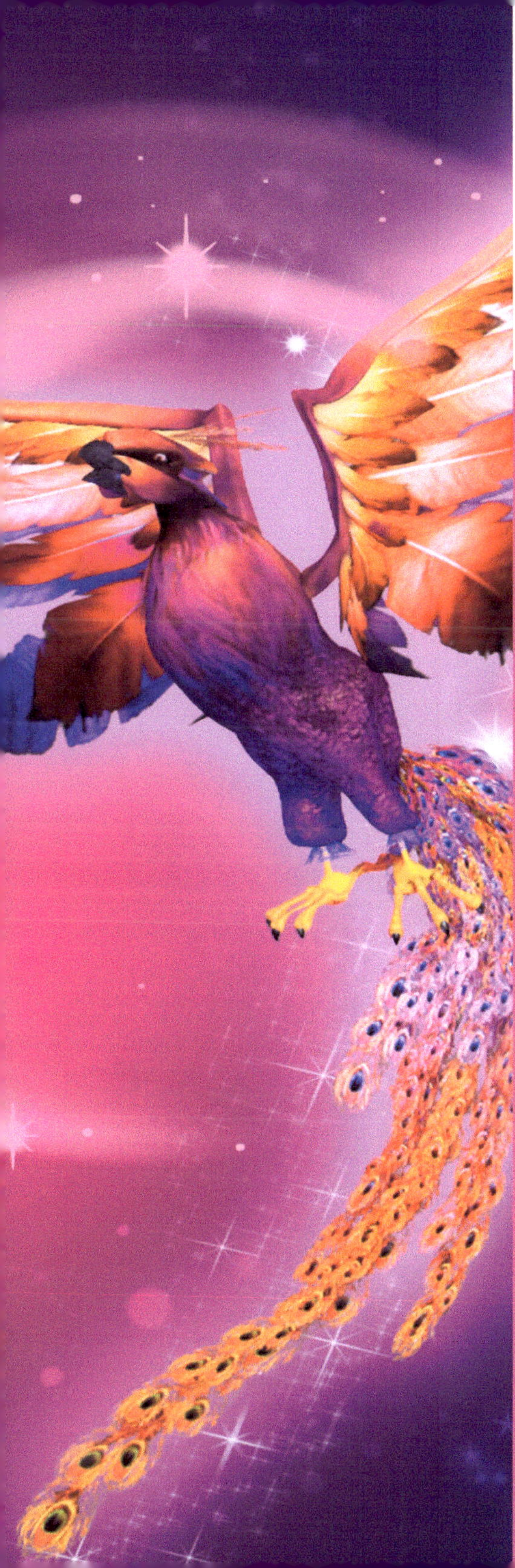

DER

PHOENIX PROZESS

SOUL-TO-GO
EDITION ERLEUCHTUNG

IMPRESSUM

Jennifer Weidmann
Winderatt 4
24966 Sörup
Deutschland
jennifer@urvertrauen.de

BILDNACHWEIS

sämtliche Bilder und Fotos wurden
freundlicherweise gemeinfrei von den
Bilderplattformen pixabay und canva zur
Verfügung gestellt

ERSTVERÖFFENTLICHUNG

Dezember 2020

HINWEIS

Achtung: die Arbeit mit diesem Buch
ersetzt keine Behandlung beim Arzt oder
ausgebildeten Psychotherapeuten. Alle
Übungen übernimmt der Kursteilnehmer
auf seine Verantwortung. Es wird keine
Haftung übernommen

WWW. URVERTRAUEN-
AKADEMIE.DE

Dein Reich für Seelen-Entwicklung und Seelen-
Entfaltung

SOUL·TO·GO

PHOENIX PROZESS

SEELEN ARBEITSBUCH

LEKTORAT

Gabriele Röben

COVER DESIGN

Oliver Weidmann

SOUL-TO-GO LOGO DESIGN

Stevan Zivkovic

HERSTELLUNG UND VERLAG

BoD - Books on Demand, Norderstedt

BIBLIOGRAFISCHE INFORMATIONEN DER DEUTSCHEN NATIONALBIBLIOTHEK

Die Deutsche Nationalbibliothek verzeichnet diese Publikation in der Deutschen Nationalbibliografie; detaillierte bibliografische Daten sind im Internet über http://dnb.dnb.de abrufbar.

ISBN

9783752673296

URVERTRAUEN-AKADEMIE

Dein Reich für Seelen-Entwicklung und Seelen-Entfaltung
www.urvertrauen-akademie.de

DER PHOENIX PROZESS
FüR

CREATIVE ART PAGE

WILLKOMMEN

zu meiner Soulworkbook-Reihe
"Soul-to-go".

Ich habe die Reihe "Soul-to-go" geschaffen, um einzelne Seelenthemen so kompakt und bereichernd wie möglich für dich darzustellen.
Es ist ein Seelen-Arbeits- und Erfahrungsbuch.
Ein wertvoller Begleiter voller Inspirationen und Impulse für dich, dein Leben, deinen Lebensweg und deine Schöpfung der Realität.
Mögen diese Büchlein für dich segensreich sein.
Ich wünsche dir von Herzen ein großartiges und erfülltes Leben.
Am Ende dieses Buches stelle ich dir das passende Seelen Spray zum Themengebiet vor. Vielleicht hast du ja Lust, es dir als Begleiter für dieses Seelenbuch zu gönnen.
Des Weiteren erweitern wir die Reihe "Soul-to-go" ständig.
Mehr Infos über diese außergewöhnliche Seelen-Reihe erhältst du auf der Webseite
www.urvertrauen.de

Alles Liebe deine

JENNIFER WEIDMANN
Seelen-Begleiterin

DAS BUCH

Dieses Buch ist mehr als nur ein reines Lesebuch. Ich lade dich ein, es dir zu Eigen zu machen. Schreibe rein, gestalte die "creative art pages" nach deinen künstlerischen Impulsen. Male, bastle, schreibe ein Gedicht oder eine Geschichte hinein. Es gibt viele Möglichkeiten, deiner Seele Raum des Ausdruckes zu verschaffen. Probiere dich aus.

DEIN SEIN

In den Soul-to-go Büchern bist du eingeladen, dich auf die Reise zu dir selbst zu begeben. Erlaube dir dafür Raum und Zeit. Tauche ein in deine ureigene Seelenweisheit. Es gibt dort viel zu entdecken

DANKE

Ich danke dir, dass du dich auf den Weg der Seelen-Entfaltung machst. Möge dein Licht hell erstrahlen und die Welt wandeln.

BEI FRAGEN

KONTAKTIERE MICH
jennifer@urvertrauen.de

DER PHOENIX PROZESS DIE SIEBEN TORE DER ENTPUPPUNG

Wie man sich das vielleicht schon gedacht hat: Selbst-Befreiung ist nicht immer so leicht, wie es sich anhört. Zumindest hat es häufig wenig mit der allgemeinen Vorstellung zu tun, dass man alle Brücken hinter sich niederreißt und nur noch mit Rucksack bepackt an tropischen Ständen sein Leben verbringt.

Selbst-Befreiung ist ein Prozess der „Entpuppung" oder ein Prozess des Abstreifens der alten, zu klein gewordenen Haut. Eine Befreiung aus alten Vorstellungen, alten Lebenszielen, alten Verhaltens- und Denkmustern. Es muss nicht immer alles auf einmal sein, aber kann.

Ich werde dir gleich die sieben Tore der „Entpuppung" bzw. den Phoenix Prozess vorstellen, mal durchlaufen wir alle Tore während eines Prozesses, mal haben wir nur an einem Tor zu knabbern, bevor es weitergehen kann. Das ist ganz individuell und bei jedem Befreiungsabschnitt anders.

Du kannst es ein bisschen wie einen Einweihungsweg vergleichen. In unserer Vorstellung denken wir häufig „Einweihung" ist etwas ganz Besonderes, Außergewöhnliches. Aber letztendlich darf man erkennen, dass der Einweihungsweg unser Leben selbst ist. Hierzu passt auch der leicht abgenutzte Spruch: Der Weg ist das Ziel.

Unser Lebensweg ist immer unser Einweihungsweg. Schritt für Schritt, Phase für Phase. Und aus einem kleinen Schritt, einer winzigen Entscheidung können die größten Wellen der Veränderung entstehen. Es müssen nicht immer die großen Momente sein, die außergewöhnlichen Augenblicke. Manchmal stehen wir vor einem Tor und meistern es, ohne dass uns die Besonderheit des Augenblickes bewusst ist, aber danach leuchtet das Licht wieder heller und die Sicht wird wieder klarer.

Wir gehen als Seele unseren ganz eigenen individuellen Einweihungsweg und dann gehen wir auch als Seelenkollektiv den großen Weg der Einweihung.

Wir stehen an der Schwelle einer Neuen Zeit. Das Alte funktioniert nicht mehr so richtig. Wir fühlen, dass es in so vielen Bereichen des Lebens so nicht weitergehen kann. Der Mensch, das Seelen-Sein, darf wieder in den Vordergrund rücken und materielle Dinge wie Geld usw dürfen ihren wahren Platz als Hilfsmittel für unseren Schöpfungsprozess wieder einnehmen.

Wir erleben einen kollektiven Phoenix Prozess, in dem jeder einzelne von uns seinen eigenen Phoenix Prozess durchläuft.

Und du weißt, die drei essentiellen Fragen lauten hierbei immer: Wer warst du - wer bist du- wer möchtest du zukünftig sein?

Möge dieses Seelen-Arbeitsbuch dir ein wertvoller Begleiter in deinem Seelen-Entfaltungsprozess sein.

Tor 1 Hochmut

Am Beginn der Befreiung

Schon beim ersten Tor des Befreiungsprozesses kommen wir an einen Knackpunkt, den wir oft nur schwer ergreifen können: Es geht darum zu erkennen, dass wir IMMER, aber auch wirklich immer, Schüler unseres Lebens sind. Selbst in den Momenten, wo wir lehren oder gerade die Führung innehaben, dürfen wir uns verbeugen und vom Leben und allen Lebewesen, die sich darin befinden, lernen.

Wir dürfen unseren Geist inspirieren lassen von den anderen, wir dürfen uns vom Licht der anderen leiten lassen, wir dürfen in Demut die Schicksale der anderen verfolgen, wir dürfen immer bereit sein, noch mehr zu erkennen, noch mehr zu lernen, um uns selbst noch mehr zu befreien.

Jemand, der glaubt, er wüsste schon alles, bremst sich selbst auf seinem Entwicklungs-weg aus und sorgt so dafür, dass seine Wahrheit oder sein Einblick in das universelle Spiel des Lebens begrenzt und eingeengt bleibt. Das bedeutet jetzt nicht „Recht haben" im klassischen Sinne, sondern eher ein Anerkennen, dass jeder Mensch seinen einzigartigen individuellen Weg geht und dass jeder Mensch das Recht hat, über sein Leben und seinen Lebensweg zu entscheiden. Gegenseitig können wir so von einander lernen und völlig frei entscheiden, ob wir ein paar Schritte des anderen Weges ausprobieren möchten oder eben nicht. Aber so bleiben wir offen für all die wunderbaren Möglichkeiten, die uns das Leben bietet. So können wir uns gegenseitig wahrhaftig wahrnehmen, ohne zu meinen, es immer besser zu wissen als der andere.

An diesem Entpuppungstor gilt es daher, die Hochmut, es besser zu wissen oder gar die einzige Wahrheit verinnerlicht zu haben, abzulegen und vom Leben zu lernen, wieder und wieder. Es geht darum, die Demut zu verinnerlichen, dass wir immer Schüler sind auf dem meisterlichen Weg unseres Lebens.

TOR 1
HOCHMUT

Wo fällt es dir schwer, in die Demut zu gehen?

Was meinst du besser zu wissen?

Wo kämpfst du gerade in deinem Leben?

Was macht dir wirklich Angst?

Tipps für Tor 1

1 Kozentriere dich auf deine Seelen- entwicklung

2 Du musst nicht die Welt retten

3 Dein Licht in deiner Welt wird die Veränderung bringen

4 Es gibt immer noch etwas Neues zu lernen und zu erkennen

5 Wir sind alle Schüler und Lehrer zugleich

DIE SCHÖNHEIT MEINER DEMUT VOR DER SCHÖPFUNG

CREATIVE ART PAGE

Tor 2 Bewertung

... und Verurteilung

Um uns selbst zu befreien, gehört es dazu, dass wir aus dem Spiel von Bewerten und Verurteilen aussteigen und unsere eigene Meinung jenseits der gesellschaftlich anerkannten Norm finden. Ja, natürlich kann deine Meinung auch übereinstimmen mit der vorherrschenden Meinung, warum auch nicht. Das bedeutet trotzdem nicht, dass deine Wahrheit und das, was du für dich als gut und richtig anerkannt hast, auch für alle anderen Menschen gelten muss.

Schau dich mal um. Am besten erkennst du das Problem, wenn Menschen miteinander streiten und Menschen können wirklich wegen allem streiten. Schau selbst einmal, wie entspannt du bist, wenn es um das Thema Ernährung geht, Politik, Kindererziehung, Ausleben von Sexualität, Geld, Corona-Maßnahmen usw. Aus den Bewertungs- und Verurteilungsmaßstäben auszubrechen, ist keine leichte Angelegenheit.

Immer wieder findet man sich auf einer Seite des Spielfeldes wieder: d.h., entweder bewerten und verurteilen wir oder wir haben das Gefühl, dass andere uns bewerten und verurteilen. Und ja, das tun sie sicherlich auch ab und an. Und dann wäre die Frage, warum es uns so wichtig ist, wie das Urteil und die Bewertung der anderen ausfällt. Warum wir uns abhängig machen, dass es ein für uns günstiges Urteil gibt?

Letztendlich bringt uns die Selbst-Befreiung zu der inneren Einsicht, dass es nicht mehr wichtig ist, was andere von uns denken oder das sie einer Meinung mit uns sein müssen.

Nein, müssen sie nicht. Wenn alle Zucker verteufeln, darfst du Zucker toll finden und essen. Wenn alle meinen, sie müssen ihre Kinder in den Kindergarten schicken, darfst du für dich entscheiden, dein Kind bei dir zu lassen. Du darfst für dich und deinen Lebensweg entscheiden. Das bedeutet dann häufig auch, dass man alles hinterfragen darf und für alles seinen eigenen Wert oder seine eigene Bewertung finden darf, ohne die anderen zu verurteilen, die es eventuell ganz anders sehen als du.

Wandlung fängt immer bei dir an

Du darfst schlank sein toll finden, aber warum dann schlecht über die reden, die sich dick schön und wohl fühlen. Du darfst dich entscheiden, Konsum blöd zu finden, aber deswegen dürfen andere Menschen Geld und Konsum toll finden, ohne dass du sie verurteilst, sie menschlich abwertest oder dich über sie erhebst und denkst, du seist etwas Besseres.

Das ist das Spiel, welches wir an diesem Tor überwinden dürfen: Den Kampf, wer von uns weiter, besser, schlauer ist, wer mehr Wahrheit mit dem Löffel in sich hinein geschaufelt hat und wer schon mehr und heller leuchtet.

Bis wir dahin kommen, ist es häufig ein weiter, steiniger Weg. Wir versuchen, andere von unserer Wahrheit zu überzeugen, während sie das Gleiche bei uns versuchen. Wir tun uns in Gruppen von Gleichgesinnten zusammen, um gegen die zu kämpfen, die anders denken und anders handeln. Unsere Wahrheit ist gut, die der anderen ist schlecht bzw. falsch.

Das ist der eine Überwindungspunkt.

Der andere ist, dass wir für unseren Wert einstehen ohne zu kämpfen, bzw. den anderen dazu bringen zu wollen, dass er unsere Werte annimmt. Auch wenn unser Wert entgegen der gängigen Meinung steht. „Dick ist schick!", „auch ohne Abitur kann man beruflichen Erfolg haben", „man braucht keinen riesigen Freundeskreis und ist trotzdem sozial" usw. Tausende von Meinungen schwirren im Äther herum.

In diesem Tor der Selbst-Befreiung geht es darum, seine eigene Meinung, seinen eigenen Maßstab zu finden und dazu zu stehen. Wir dürfen ihn auch wieder wandeln, wenn wir merken, dass wir es doch anders sehen. Nein, wir sind dann keine Versager, sondern Lebenskünstler. Wir probieren uns aus. Sich selbst zu befreien aus dem „Herdendenken" und der „Herdenmeinung" und dazu zu stehen, ist ein großes Stück Arbeit. Ein Tor, welches uns wieder und wieder in unserem Leben begegnen wird. Jedes Mal dürfen wir uns fragen: Wie sehe ich das eigentlich? Wozu stehe ich eigentlich? Wie sehen meine Werte aus? Was kann ich vertreten und was nicht? Was denke ich eigentlich zu dem Thema?

Noch ein Wort zu "Herdendenken". Das ist hier nicht abfällig gemeint, wie es derzeit gerade als Schlagwort "Schlafschafe" herumschwirrt. Jede Form von "klein machen", abwerten oder sich über die anderen erheben, hält uns selbst klein. Mit "Herdendenken" ist in erster Linie die vorherrschende Meinung gemeint, die wir so oft einfach übernehmen. Die Kunst ist zu lernen, sich außerhalb zu stellen, damit man seine eigenen Werte erkennen kann, die durchaus mit der Allgemeinheit übereinstimmen können.

Von wem lässt du dich beeinflussen?

Wo fällt es dir schwer, anders zu sein?

Was oder wen verurteilst du?

Was oder wen bewertest du?

Tipps für Tor 2

1 Finde Werte, die Frieden in dir erzeugen

Dort, wo destruktive Emotionen sind, gibt es noch was zu erkennen für dich **2**

3 Handle nicht aus den destruktiven Gefühlen heraus

Wähle deine Worte und Handlungen immer aus dem Frieden heraus **4**

5 Es gilt, dich zu verwandeln – nicht die anderen

Love?

MEIN
INNERER FRIEDEN

CREATIVE ART PAGE

Tor 3 Unaufrichtigkeit

Nichts, als die Wahrheit

Im dritten Tor des Selbst-Befreiungsprozesses werden wir aufgefordert auch, zu unserer Meinung zu stehen, und zwar so, dass nicht nur wir frei sind, sondern die anderen auch.

Das bedeutet nicht, dass man toll finden muss, was der andere sagt, denkt oder tut. Aber es ist ein Ausdruck seines Lebens und wir dürfen entscheiden, ob wir das in unser Leben lassen möchten oder nicht.

Aber wie so oft verstellen wir uns, setzen Masken auf, weil wir uns nicht trauen, zu uns und unserer Wahrheit zu stehen. Wie gerne würden manche Menschen mal ihrem Chef die Meinung sagen, ihren Eltern, ihren Lebenspartnern, ja, auch ihren erwachsenen oder pubertierenden Kindern und tun es

nie. Aus Angst. Angst davor, nicht geliebt zu werden, den Job zu verlieren, den Partner zu verlieren, die Kinder zu verlieren, die Liebe zu verlieren. Wobei sich hier fragt, ob man sie überhaupt haben kann, wenn man nicht ehrlich zu sich und den anderen ist?

Ehrlich zu sein, ohne absichtlich zu verletzen oder den anderen verbal zu überfahren, ist eine echte Gratwanderung. Nehmen wir hier mal ein „plattes" Beispiel, welches fast alle von uns kennen in einer Beziehung: Die Frau fragt ihren Mann, ob ihm das neue Kleid gefällt. Glaubst du wirklich viele Männer würden ehrlich sagen: "Nein, Schatz, das Kleid gefällt mir nicht". Diese Frage kann einen echten Beziehungskrach hervorrufen.

Doch dröseln wir das Ganze mal auf: Als erstes, ein guter Rat für dich und auch für deine Klienten: Stell nie eine Frage, wenn du nicht bereit bist, alle Varianten einer möglichen Antwort auch zu hören und zu tragen. Ganz ehrlich, wenn einem das Kleid (oder was auch immer) nicht gefällt, dann hat der andere auch ein Recht, auf diese Frage ehrlich zu antworten. ABER: Häufig stellen wir solche Fragen, um Selbstbestätigung zu erhalten.

Freiheit ist keine Einbahnstraße

Bekommen wir sie nicht, bricht ein Kartenhaus zusammen. Aus so einer banalen Frage erwachsen dann plötzlich Grundsatzthemen, ob man sich überhaupt liebt, wertschätzt usw.

Das ist, wenn man es von außen betrachtet, doch eigentlich ganz schön verrückt, oder?

Dieses Tor im Phoenix-Befreiungsprozess fordert uns auf, die Unaufrichtigkeit abzulegen und wahr zu sprechen, und zwar wenn möglich so gewählt, dass wir den anderen nicht verletzen, sondern immer von uns aus sprechen und bei uns bleiben. Wenn der andere sich dann trotzdem verletzt fühlt, ist das sein Thema und nicht unseres. Also, wenn die Frage kommt: "Gefällt dir das Kleid?" Darf man auch ehrlich antworten: "Nein, es gefällt mir nicht." Das macht doch den Menschen, der es trägt nicht schlecht oder sagt gar aus, dass wir den Menschen im Kleid nicht mögen. Nein. Nur das Kleid gefällt mir nicht. Eine ehrliche Antwort auf eine einfache Frage.

Das geht natürlich noch alles viel größer, viel subtiler. Die Kommunikation ist eines der schwierigsten Dinge überhaupt.

So oft kommen gesagte Worte falsch an und schon spricht man nicht mehr miteinander.

Wichtig ist, dass wir lernen, mehr und mehr, wahrhaft zu sprechen. So oft trauen wir uns nicht, überhaupt unsere Bedürfnisse und unsere Wünsche zu äußern. Aber die anderen sind nicht dazu da, unsere Gedanken hellzusehen. Wir müssen an diesem Tor lernen zu sprechen. Wieder und wieder. Die essentiellste Frage ist hier: Was willst du sagen? Und dann sag es. Bei dir bleibend, von deiner Warte aus sprechend.

Nicht: „Du hast mich verletzt", sondern „Ich fühle mich verletzt, wolltest du mich verletzen, oder nehme ich das jetzt falsch wahr?"

Auch ist es ein Leichtes zu sagen: „Weißt du, heute fühle ich mich so richtig aggressiv, also nicht wundern, wenn ich was sage, was dich verletzen könnte. Ich muss jetzt herausfinden, wo das herkommt!" Dann wissen die Menschen in deiner Umgebung Bescheid und keiner muss sich schuldig fühlen oder die Angst haben, er hätte etwas falsch gemacht. Wir dürfen, ja, die Selbst-Befreiung fordert uns geradezu dazu auf, ehrlich unsere Gefühle kommunizieren.

Das Rätselraten, Gedanken machen, ja, vielleicht sogar Sorgen machen, kann dann aufhören. Man weiß, woran man ist und man kann Dinge gleich klären, bevor das Fass explodiert, weil man einfach zu lange zu einem Thema geschwiegen hat.

Ehrliche, wahrhafte Kommunikation gehört zum Selbst-Befreiungsprozess dazu. Auch wenn kein anderer in deiner Umgebung mitmacht - du darfst sie trotzdem praktizieren. Ist ja schließlich auch dein Phoenix-Prozess.

Was traust du dich nicht zu sagen?

Welche Konsequenzen fürchtest du?

Welche Wahrheit könntest du jetzt nicht tragen?

Wo bist du nicht ehrlich in deinem Leben?

Tipps für Tor 3

 **1** sprich immer von dir aus

Finde deine eigene innere Wahrheit  **2**

3 erlaube dir, zu dir und deiner Wahrheit zu stehen

erlaube anderen, ihre eigene Wahrheit zu haben  **4**

 **5** Es gibt niemanden, den wir klein machen müssen

MEINE
INNERE WAHRHEIT

CREATIVE ART PAGE

Tor 4
Goldener Käfig

Was ich hab', das hab' ich

Im Selbst-Befreiungsprozess werden wir über kurz oder lang damit konfrontiert, unseren eigenen goldenen Käfig zu erkennen und vor allem zu hinterfragen. All die Tausenden von kleinen Bequem-lichkeitszonen, die wir uns eingerichtet haben, um uns sicher zu fühlen, um unser Leben erträglich zu gestalten.

Wir staffieren mehr und mehr unseren Käfig aus, bis wir vergessen, dass wir einst eingetreten sind in diesen Käfig. Bis wir vergessen, dass wir uns überhaupt in einem goldenen Käfig befinden. Solange wir „schlafen", ist das Leben im goldenen Käfig schön, einfach, die kleinen Problemchen sind gut zu bewältigen.

Aber, wenn wir anfangen aufzuwachen, wenn wir anfangen, hinter die goldenen Gitterstäbe zu spähen und merken, unser Reich könnte noch so viel größer sein, als wie wir es derzeit erfahren, dann wird der Käfig mit einem Mal zu eng. Kleine Problemchen werden plötzlich zu nicht mehr tragbaren Lebenssituationen. Man hat das Gefühl, am eigenen Leben zu ersticken und fühlt sich gefangen.

Man denkt und fühlt, man wäre im Job gefangen, weil man ja die Einrichtung des goldenen Käfigs oder sogar den goldenen Käfig (ein Eigenheim) abbezahlen muss. Man fühlt sich gefangen in einer Beziehung, vielleicht auch, weil man denkt, man wäre finanziell abhängig oder man könne den Kindern keine Trennung zumuten. Man kann nicht umziehen, weil man ja an diesem Ort einen goldenen Käfig platziert hat, da kann man ja nicht plötzlich ans Meer ziehen oder in die Berge.

Es gibt tausend gute Gründe, warum wir das Sein im goldenen Käfig aufrech-t erhalten wollen oder das Gefühl haben, es zu müssen. Aber nur einen, wahrhaftig nur einen Grund, aus dem goldenen Käfig herauszutreten: der Wunsch nach Selbst-Befreiung. Erst wenn wir anfangen, uns selbst zu befreien, die Verstrickungen des goldenen Käfigs und all seinen Nippes hinter uns lassend, können wir wahrhaft fliegen.

Freiheit ist ein Prozess von innen nach außen

Damit ist jetzt allerdings nicht gemeint, dass du nun alle deine Sachen entsorgen musst. Sondern es ist eher eine innere Einstellung. Eine Einstellung an den Dingen, die man hat, sich erfreuen zu können und sie wertzuschätzen, aber gleichzeitig zu erkennen, dass du sie auch loslassen kannst.

Zu erkennen, dass es nicht das Auto, das Haus, dein Schmuck, deine Kleidung, dein Make-up etc ist, was dich ausmacht. Wir holen all diese Dinge in unser Leben und noch viel mehr, um uns zu erfahren. Um herauszufinden, womit wir uns wohlfühlen, womit es uns gut geht.

Wenn sich jedoch das Gefühl einstellt, am eigenen Leben zu ersticken, dann sind wir geladen zu hinterfragen, wo wir uns selbst in den Goldenen Käfig gesperrt haben. Wo wir innere und äußere Abhängigkeiten aufgebaut haben, die uns in unserer Seelen-Entfaltung einengen.

Und wieder: Es bedeutet nicht, dass du nun alle Beziehungen, alle Annehmlichkeiten über Bord werfen musst, um Freiheit erfahren zu können.

Freiheit entsteht immer von innen nach außen. Es geht um unsere Einstellung, um das, was wir denken, was wir bräuchten, um leben zu können.

Das dürfen wir in Frage stellen. Wir müssen nicht an einem Ort bleiben, wo es uns nicht gut geht. Wir dürfen einen Job wechseln, wenn wir jeden Tag mit Bauchschmerzen dahin gehen. Wir dürfen uns von dem unschönen Erbstück trennen, welches wir nie haben wollten usw.

Dass du in jedem Augenblick deines Lebens frei bist, ist eine innere Erkenntnis. Dass der Goldene Käfig eine Illusion ist, auch. Eine Illusion vermeintlicher Schutzes und Sicherheit. Im Phoenix Prozess kommt irgendwann die Erkenntnis, dass nichts, wirklich gar nichts, in Stein gemeißelt ist: deine Beziehungen nicht, das Geld nicht, dein Beruf nicht, deine Berufung nicht. Nichts. Alles ist wandelbar.

Wenn wir das erkennen und annehmen können, entsteht Freiheit. Die Freiheit, das was man hat, wirklich wertzuschätzen, zu genießen, Dankbarkeit fühlen zu können für das was ist und gleichzeitig zu wissen, dass da noch so viel mehr kommen kann, wenn ich es denn möchte.

Die Seele ist eine Schöpfermacht, die immer frei ist. Nur die Anteile in uns, die noch "schlafen", die noch nicht "erleuchtet" sind, gaukeln uns eine Unfreiheit vor. Halten uns Möhrchen vor die Nase, hinter denen wir dann artig hertrotten, bis wir noch mehr Licht - durch den Phoenix-Prozess - in unser Sein bringen. Dann können wir erst erkennen, was Seelen-Größe wahrhaft ist. Welche Möglichkeiten du wahrhaft hast und wie einzigartig dieses Leben hier auf der Erde ist.

Welche faulen Kompromisse lebst du in deinem Leben?

Was magst du in deinem Leben nicht?

Was für ein Leben würdest du gerne erfahren?

Welche Schritte kannst du dafür gehen?

Tipps für Tor 4

1 Sei dir selbst gegenüber immer ehrlich

Finde die faulen Kompromisse in deinem Leben **2**

3 Habe den Mut zu verändern, was du in deinem Leben hasst

Freiheit entsteht als erstes in deinem Inneren und dann im Außen **4**

5 Traue dich loszulassen, um Neues begrüßen zu können

Love

MEIN
WUNDERVOLLES
LEBEN

CREATIVE ART PAGE

Tor 5 Angst

... vor der eigenen Größe

Erst wenn wir den Goldenen Käfig verlassen und damit auch unsere Abhängigkeiten von äußerlichen Erscheinungen, wie z.B. unserem Haus, Auto, anderen Statussymbolen, der Festanstellung, dem Wohnort usw., ablegen - das bedeutet nicht, dass wir all diese wunderbaren Dinge nicht genießen dürfen, aber genießen ist etwas anderes, als das Gefühl haben, dass sie lebensnotwendig sind und dass wir am Ende sind, wenn wir sie verlieren würden- können wir anfangen zu entdecken, wie „groß" wir eigentlich wirklich sind. Welche Kräfte, welche Talente, welche Fähigkeiten, welche Stärken und ja, auch welche Schwächen noch in uns stecken.

Jenseits des Goldenen Käfigs können wir uns aufrichten, gerade machen, die Arme ausspreizen und neue Reiche erobern, erkunden, entdecken. Neue Ziele und Wünsche formulieren, die so viel größer plötzlich sein dürfen, als unser kleiner goldener Käfig es möglich erscheinen ließ.

ABER: Größe, die eigene Größe, kann richtig Angst machen. In der Regel ist die Angst vorm Scheitern und Versagen, um so vieles kleiner als die Angst, sich groß zu machen. Aus dem Schatten in das Rampenlicht zu treten und der Welt zuzurufen:

„Hier bin ich! Schaut mich an! Ich stehe zu mir!"

Mit der Größe hören die Möglichkeiten der Ausreden, des unter die Bettdecke Verkriechens, und vor allem des „Raupen-Daseins" auf. Es ist vorbei. Mit der eigenen Größe kommt die Verantwortung ins Leben. Vorher konnte man immer noch sagen: „Ich kann nicht, schau dir meinen Käfig an, da ist nichts möglich!" Übersetzt: Ich kann nicht nach Thailand reisen, schau dir an, wie schlecht ich bezahlt werde, das kann ich mir nicht leisten! / Ich kann nicht an die See ziehen, schau dir mein Haus an, die Raten sind doch noch lange nicht abbezahlt, ich muss hier wohnen bleiben usw.

Jenseit der Angst gibt es keine Ausreden

Keine Ausreden mehr. Mit der Größe hören die Wünsche auf, nur Wünsche zu sein, sondern können anfangen, Realität zu werden. Erstaunlicherweise kann das richtig Angst machen: Wenn man plötzlich im Strom der Berufung schwimmt, plötzlich die wundervolle, liebevolle Partnerschaft findet, die Traumwohnung am Meer bekommt oder den Traumjob, einen Bestseller verlegt oder, oder, oder.

Schreck… was nun?

In die wahre Größe kommen, ist der Scheidepunkt im Leben: denn, nicht vergessen: Wir leben auf dem Planeten des Freien Willens. Der Klassiker in diesem Phoenix-Abschnitt: Die Käfigtür öffnet sich, du stürmst hinaus und bekommt z.B. den heißersehnten Job und… Anstatt zu jubeln und zu feiern, drehen sich ganz viele, wirklich ganz viele, um und gehen freiwillig zurück in ihren Käfig, sprich, für unser Beispiel: Nehmen den Traumjob nicht an, sondern bleiben in ihrem besch…. alten Job, der schlecht bezahlt ist und wo der Chef einen jeden Tag zusammenstaucht.

Das machen einige Menschen ihr ganzes Leben lang. Sie nehmen den besseren Job nicht an, rennen vor der liebevolleren, schöneren Beziehung davon, lehnen die schönere Wohnung ab, verprassen ihren Lottogewinn in kürzester Zeit, werden unzuverlässig usw.

Ja, Größe kann Angst machen und wenn jemand wieder umkehren möchte, dann ist das völlig in Ordnung. Man kann niemanden zu seinem Glück zwingen. Denn nachdem man den Käfig verlassen hat und anfängt, seine wahre Größe zu entfalten, kommt das nächste Entpuppungstor, welches wichtig ist zu meistern, sonst wird man schneller als man gucken kann in den Goldenen Käfig zurückkehren.

Es geht im Entpuppungsprozess darum, sich mit seiner wahren Größe dem Leben voll und ganz hinzugeben.

Wir dürfen uns dafür Zeit lassen und lernen, in unsere Größe hineinzuwachsen. Wir dürfen lernen die Verantwortung für unseren Schöpfungsprozess zu tragen. Denn so ist es nun mal. Ein jeder trägt die Verantwortung für sich und wie er sein Leben gestaltet. In der Größe gibt es keine Ausreden mehr, man könne ja nicht, weil die Eltern, der Partner, die Kinder oder sonst wer einen nicht lassen.

Solange wir das Spiel der Ausreden spielen, sind wir noch nicht in unserer vollständigen wahren Größe angekommen. Doch der Phoenix-Prozess wird uns hier immer weiter vorantreiben, bis es keine Ausreden mehr gibt, sondern nur noch dich in deinem Schöpfungsprozess für dieses Leben. Es ist unsere Verantwortung, daraus das Beste für uns und das Seelen-Kollektiv zu machen.

Was sind deine beliebtesten Ausreden, warum du jetzt nicht deine Wünsche realisieren kannst?

Wo möchtest du keine Verantwortung tragen?

Mit wem spielst du das Schuld-Spiel?

Was frustet dich in deinem Leben?

Tipps für Tor 5

1 Du trägst die Verantwortung für deine Schöpfung

Erkenne deine Ausreden und hinterfrage sie **2**

3 Erkenne deine Schuld-Spiele

Erkenne deine Vermeidungsstrategien **4**

5 Dein Leben-
Deine
Lebenszeit-
mach was draus

MEINE
SCHÖPFUNG

CREATIVE ART PAGE

Tor 6
Lebensfeuer

Der Schöpfer-Impuls

Ganz, ganz viele Menschen leben ein Leben auf Sparflamme, weil sie vor dem Feuer des Lebens zurückschrecken. Hier zeigt sich, dass all die Entpuppungstore zusammenhängen. Wir müssen unseren Goldenen Käfig verlassen, um die Möglichkeit zu bekommen, unsere wahre Größe zu entfalten. Sprich, wir müssen unseren Kokon aufbrechen, sonst können wir einfach nicht unsere Flügel spreizen. Es ist im Kokon einfach zu eng, gleichgültig wie kuschelig und vertraut das Ganze auch sein mag.

Aber, sobald wir den Kokon aufbrechen und unsere Flügel spreizen, müssen wir auch fliegen. Wir müssen lernen, uns emporzuschwingen in die Lüfte, so wie wir in unserer wahren Größe uns vom Feuer des Lebens erfüllen lassen dürfen.

Mit Leidenschaft unserem Berufungsweg folgen, mit ganzem Herzen lieben, fühlen, wie wir lebendig sind. Gefühle fühlen, ja, dazu gehört auch Schmerz, Wut, Angst, Unsicherheit, aber auch Freude, Feiern, Lieben, Erfüllung.

Das Feuer des Lebens macht uns lebendig, macht unser Leben lebendig.

Der Phoenix-Prozess hat viele einzelne Schritte, die alle zusammengehören, um genau an diesen Punkt zu kommen: wo man geboren wird: wo das eigene Selbst sich wieder und wieder gebären darf.

Das eigene Selbst darf sich wieder und wieder dem Feuer des Lebens hingeben, sich erfüllen lassen, und letztendlich das alte Sein darin verbrennen. Wieder und wieder.

Doch so viele scheuen die Veränderung. Scheuen das Unbekannte, das Ungewisse. Sie träumen vom entfernten Ufer, aber trauen sich nie, auch wirklich in See zu stechen. Sie gehen zurück in den Goldenen Käfig und träumen. Das ist in Ordnung. Aber von etwas träumen ist, wie einen Film eines anderen anzuschauen, aber niemals es selbst zu erleben.

Folge dem Ruf deiner Seele

Erst im Selbst-Erleben werden wir erfüllt. Erfüllt von unserem eigenen Sein, von unserem eigenen Schicksal, von unserer eigenen Schöpferkraft und Schöpfermacht.

Also, um wahrhaft in See zu stechen, damit mein Traum vom anderen Ende der Welt Realität werden kann, braucht es Feuer, braucht es Leidenschaft, braucht es Sehnsucht. Richtig echte ziehende Sehnsucht: nach Liebe, nach Erfüllung, nach Geld, nach Sex, nach was auch immer. Man kann sich nach allem sehnen und diese Sehnsucht, dieses Feuer wird uns antreiben, unsere wahre Größe zu nutzen, um zu erschaffen, um zu erfahren.

Wie toll ist es zu erfahren, wie es ist, Millionär zu sein, wenn die Sehnsucht in einem brennt, aus der Armut herauszukommen. Wie toll ist die Liebe, wenn die Sehnsucht in einem brennt, sich ganz von der Liebe erfüllen zu lassen. Wie toll ist es, die Berufung zu leben, wenn die Sehnsucht in einem brennt, etwas aufzubauen, etwas zu erschaffen, Spuren zu hinterlassen.

Das Leben ruft uns, wieder und wieder.

Die Wahl bleibt immer: Goldener Käfig oder das Feuer.

Letztendlich geht es darum, sich und sein eigenes Leben zu lieben und die Sehnsucht nach seinem eigenen Leben zu haben.

Sparflammenleben produziert auch nur Sparflammen-Erfahrungen. Lauwarm, seicht, sicher, frustrierend, Status Quo. Der Selbst-Befreiungsprozess innerhalb des Phoenix-Prozesses ist ein ganz außergewöhnlicher Weg. Ein Weg zu dir und deinem wahren Seelen-Kern. Es werden dir höchstwahrscheinlich wenige Menschen begegnen, die den Mut haben, genau durch diesen Prozess zu gehen. Vielleicht ein bisschen mal hier, mal da und dann aber wieder zurück in den Käfig. Der Käfig ist ein wenig wie der zentrale Dreh- und Angelpunkt der Entpuppungstore.

Hierhin fliehen wir, weil wir uns dort sicher fühlen vor dem Leben da draußen. Den Möglichkeiten da draußen. Dem Unbekannten.

Es ist völlig in Ordnung, sein Leben auf Sparflamme zu leben, Aber, und das ist wirklich ein großes ABER: Berufung liegt jenseits des Goldenen Käfigs. IMMER und ausnahmslos- sonst machst du nur einen Job. Das Tolle: Wenn man sich traut, einzutauchen in die Berufung, dann fühlt man sich sicher, weil das Feuer in einem brennt und leitet, weil man für die Berufung sämtliche Hürden nimmt, sämtliche Steine handhabt auf dem Weg.

Die Berufung erfüllt einen und lässt einen hineinwachsen in die eigene Größe, nach und nach. So lernen wir fliegen. So bringen wir Erfüllung in unser Leben. Im Käfig gibt es keine Berufung. Der Ruf kommt vom Leben selbst und das Leben erwartet Hingabe. Vollständige Hingabe und Eintauchen in alle Höhen und Tiefen.

Welche Bereiche lebst du auf Sparflamme?

_____

_____

_____

_____

Was redest du dir schön in deinem Leben?

_____

_____

_____

_____

Welche echte Sehnsucht brennt in dir?

_____

_____

_____

_____

Nochmal: was ist dein ganz großer Lebenstraum?

_____

_____

_____

_____

_____

Tipps für Tor 6

1 Finde heraus, für was du dich begeistern kannst

2 Erkenne, was du dir in deinem Leben schöner redest als es ist

3 Lerne, in dich selbst zu lauschen

4 Stell dich in den Mittelpunkt deines Lebens

5 Du musst es niemandem recht machen

Love

MEIN
INNERES
FEUER

Tor 7
Phoenixgeburt

Du bist außergewöhnlich

Am Ende des Entpuppungsprozesses gehen wir über in die Geburt des Phoenix. Wir haben uns durch die Schale oder den Kokon durchgearbeitet, waren bereit, unsere Flügel zu spreizen und uns in die Lüfte empor zu schwingen. Wir sind bereit, uns dem Feuer des Lebens hinzugeben, uns sozusagen vom Leben selbst entflammen zu lassen. Die Stadien der Entpuppung, die Tore der Selbst-Befreiung, gehören zum großen Phoenix-Prozess, den ich dir in den folgenden Abschnitten erklären werde.

Den Phoenix-Prozess durchwandern wir wieder und wieder unser gesamtes Leben lang, bzw. eigentlich strebt die Seele danach, ihn zu durchwandern, um sich mehr und mehr zu erkennen, auszudrücken und zur höchsten Form zu entfalten. Aber wie in allem können wir auch hier stecken bleiben.

In jedem einzelnen Abschnitt des Phoenix-Prozesses können wir stecken bleiben und uns weigern, ob nun bewusst oder unbewusst, weiterzugehen. Wir können uns an dem festklammern, was ist und hoffen, dass es uns bleibt und uns nicht genommen wird.

Häufig treffen wir wieder und wieder die gleiche Wahl, weil wir noch nicht bereit sind, weiterzugehen im Prozess, weil wir im Vertrauten bleiben wollen, selbst wenn wir mit jeder Faser unseres Körpers fühlen, dass das jetzt hier nicht mehr passend für uns ist. Eigentlich. Denn solange wir am Überholten festhalten, gibt es noch etwas zu erkennen, etwas zu ergreifen, etwas anzuschauen, was wir vielleicht bisher vermieden haben. Manchmal müssen gewisse Lebensszenarien bis zum bitteren Ende gespielt werden. Manchmal wählen wir unseren Weg so, dass wir richtig hart auf dem Boden aufkommen müssen, um erst dann weitergehen zu können. Oder auch wieder nicht. Es gibt Menschen, die sehr, sehr lange auf dem Boden liegend verharren können. Auch das ist völlig in Ordnung. Wir haben immer die Freie Wahl.

Vergangenheit-Gegenwart-Zukunft

Nur weil man manchmal länger liegen bleibt, ist man kein schlechter Mensch, brauchen sich die Stehenden nicht über den Liegenden zu erheben. Ich lade dich ein, beobachte die Menschen wieder und wieder, ruhig, ohne zu urteilen. Dir wird sich eine Welt der Erkenntnisse offenbaren. Wie wir miteinander umgehen, uns behandeln, uns über andere erheben, wie wir meinen, die einzig richtige Wahrheit zu haben und sie allen verkaufen und überstülpen wollen usw. Lerne für dich, nicht zu richten, denn ein jeder von uns liegt irgendwann mal auf dem Boden. Gerade die Menschen, die zu dir kommen in die Praxis, stehen häufig irgendwie kurz davor oder sind bereits unten aufgekommen. Denn das sind die Momente, in denen wir anfangen, Hilfe zu suchen. Wenn der Boden wegbricht.

Geht es uns gut, schauen wir uns den Schatten und den Tunnel nicht an. Das ist ja auch richtig. Die Sonnenseite sollten wir in vollen Zügen genießen, so wie es gilt, die Schattenseiten mit vollen Händen zu ergreifen, um ein neuer, wunderschöner Phoenix zu werden. Daher ist es so extrem wichtig, den Phoenix-Prozess zu erkennen.

Zu erkennen, wann ein Strebe/Werde-Prozess stattfindet und dass ein Phoenix immer aus der Asche des alten Phoenix geboren wird. Daher ist die Asche unglaublich wichtig und nichts, was man einfach mal so wegwischt. Die Asche ist unser altes Leben, unsere Vergangenheit, unsere bisherigen Entscheidungen, Taten, Gedanken, Worte, unser altes Sein. Aus diesem Alten entsteht die Geburt des Neuen. Daraus erheben wir uns und leben, bis wir wieder verbrennen. Daher: Achtsam mit der Asche umgehen, sie ist wertvoll. Deine Vergangenheit ist wertvoll. Nichts war umsonst. Keine Zeit ist verloren oder vergeudet gewesen. Ehre deine Vergangenheit mit allen Höhen und Tiefen, die du dort durchwandert bist und gemeistert hast. Es ist das Material, aus dem wir uns wieder aufbauen und wir können für unseren folgenden Phoenix-Prozess entscheiden, aus welchem Stoff die Asche dann sein darf.

Es gibt im Phoenix-Prozess heikle Punkte, an denen man verletzlicher ist, als sonst. An denen man offener und bedürftiger ist. Punkte, an denen die Welt sehr dunkel erscheint, an denen man das Gefühl hat, vor dem absoluten Nichts zu stehen und ja, innerlich zu sterben.

Genau das ist der Phoenix-Prozess: Sterben und Werden, wieder und wieder. Im Großen wie im Kleinen.

Tauchen wir nun noch tiefer ein in die einzelnen Schritte des Phoenix-Prozesses. Alles, was du bis hierher gelesen, verinnerlicht und aufgenommen hast, alles gehört dazu. Das Ganze macht den Phoenix-Prozess aus. Ein ewiger Kreis aus Sein-Sterben-Werden und wieder Sein. Im stetigen Wandel unserer Seelen-Entfaltung.

Wo haderst du mit deiner Vergangenheit?

Welche Hürden hast du schon gemeistert?

Auf was bist du so richtig stolz?

Wo hast du deine Größe schon gezeigt?

Tipps für Tor 7

1 Ehre dein vergangenes Ich

Ehre dein jetziges Ich **2**

3 Handle so, dass du dein zukünftiges Ich ehren kannst

Sei bereit, dich dem Wandel hinzugeben zum schöneren Ich **4**

5 Du entscheidest, wie du dich wandeln möchtest

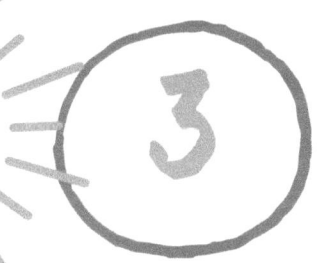

MEIN
WUNDERVOLLES,
ZUKÜNFTIGES
ICH

CREATIVE ART PAGE

ICH BIN FREI
MICH ZU
WANDELN
ZU WAS IMMER
ICH SEIN
MÖCHTE

JENNIFER WEIDMANN

Schritt 1
Sein

Im Kreislauf der Schöpfung

Wie du dir sicherlich schon denken kannst, der Phoenix-Prozess ist wieder einmal ein Kreislauf. Es gibt eigentlich keinen Anfang und kein Ende. Wir drehen uns bzw. wir leben weiter und weiter die Entwicklungsspirale nach oben.

Aber irgendwo müssen wir jetzt einsteigen in den Kreis des Phoenix-Prozesses: wir fangen mit dem SEIN an. Einer der wichtigsten Lebenserkenntnisse ist das ICH BIN. Was ist das für ein großartiger Moment, wenn kleine Kinder zum ersten Mal „ICH" sagen. Zum ersten Mal haben sie erkannt, dass sie ein eigenständiges Wesen sind. Es ist der Moment, wo wir in das „ICH BIN" eintreten und wo die Schöpfermacht erwacht. Häufig dürfen Kinder dann erstmal erfahren, dass nicht alles, was sie schöpfen wollen, auch durchgesetzt werden kann und es heißt: Herzlich willkommen in der Trotzphase.

Auch das Schöpfen will gelernt sein. In unserem freien Schöpferwillen dürfen wir lernen, so zu schöpfen, dass wir niemandem schaden, auch uns selbst nicht.

Da dürfen zu Beginn unserer Schöpfung der "Ich bins" auch gerne die Eltern uns beistehen.

Wir treten ein in die Phoenix-Spirale: ICH BIN. Gleichgültig, ob wir das nun bewusst schöpfen oder einfach so nehmen, was kommt.

Mit diesem "ICH BIN" gestalten wir unser Leben. Wir bauen so unsere Beziehungen zu anderen Menschen auf, erledigen so unsere Arbeiten, füllen so unsere Freizeit auf.

Immer mit dem derzeitigen ICH-BIN-Zustand, der in uns lebt.

Es gibt nicht nur große "ICH BINS". Denn natürlich haben wir immer auch kleine „Ich bin" Zustände in allem, was wir tun. Ich bin traurig, ich bin glücklich, ich bin zufrieden, ich bin gefrustet, ich bin genervt usw. Momentaufnahmen aus dem Augenblick heraus. Alles kleine Lebens-Ich-bins, die uns immer begleiten.

Wer bist du?

Große ICH BIN Zustände, sind zum Beispiel die Lebensjahrsiebte oder auch große Schöpfungsabschnitte, wie z.B. ICH BIN MUTTER oder VATER. Viele Jahre deines Lebens warst du das nicht und einige Seelen entscheiden sich, dass niemals zu sein. Oder ICH BIN in der Lehre, oder ICH BIN selbstständig. Genauso wie ICH BIN REICH oder das Gegenteil ICH BIN ARM.

Das sind die Abschnitte des Seins. Große Abschnitte, wo man sich selbst - bewusst/unbewusst- definiert. Mal haben wir Abschnitte, wo die Karriere im Vordergrund steht, dann Abschnitte für die Beziehung, Abschnitte wo wir uns intensiv mit unserer Familie/Eltern auseinandersetzen dürfen, Abschnitte wo es um Geld geht, Abschnitte wo wir uns fragen, was unsere Berufung und unsere Lebensaufgabe sein könnten.

Die Momente des Seins, wo wir in einem Bereich intensivere Erfahrungen machen als in anderen. Wo wir genau an diese Bereiche unsere großen Fragen haben, oder auch unsere größten Wünsche, Hoffnungen und Träume hängen.

In diesen Bereichen gehen wir in den schöpferischen Prozess. Weil es uns drängt, weil unsere Seele etwas anderes sein möchte, als sie gerade ist, damit sie andere Erfahrungen machen kann, als diese, die sie im Augenblick erlebt.

Der Phoenix-Prozess dreht sich immer um den zentralen Angelpunkt: Wer war ich - wer bin ich - wer möchte ich sein? Wieder und wieder.

Die Krux an der Sache, dass wir immer wieder "einschlafen" in unserem alltäglichen Leben bzw. alltäglichen Sein. Wir denken nicht darüber nach und statt zu agieren, reagieren wir einfach nur auf Situationen. Wir machen uns keine Gedanken, wieso jetzt etwas so passiert, wie es passiert, und welchen Teil wir zu diesem Ereignis beigetragen haben.

Der Phoenix-Prozess kann uns erkennen lassen, welche Verantwortung unser SEIN und unsere "ICH BINS" tragen und dass das, was wir erfahren, das Ergebnis dieser ICH-BIN-Ausdrücke ist.

Es ist unbequem, können wir doch die Verantwortung nicht auf jemand anderen schieben. Es ist so leicht zu sagen z.B. der Partner ist schuld, dass es uns so schlecht geht. Im Phoenix-Prozess, wenn wir ihn dann mehr und mehr verinnerlichen, erkennen wir wie unsere "ICH BINS" Realitäten erschaffen, Situationen beeinflussen, unsere zwischenmenschlichen Beziehungen prägen und ja, unsere Schöpfung gestalten. Daher wiederhole ich die Trinität von "Ich war - Ich bin- Ich werde sein" wieder und wieder. Wollen wir unsere Welt wandeln, fängt der erste Schritt in der Wandlung unseres "ICH BINS" an.

Wer bist du gerade?

Welche guten Erfahrungen machst du damit?

Welche schlechten Erfahrungen?

Welche Seins-Ausdrücke möchtest du gerne loslassen?

Tipps für Schritt 1

1 Lerne, dich selbst immer besser wahrzunehmen

2 Erkenne deine ICH BINS in jeder Situation deines Tages

3 Gefällt es dir so zu sein und die Erfahrungen, die du damit machst?

4 versuche die ICH BINS, die dir nicht gefallen, zu wandeln, mit Liebe und Achtsamkeit

5 Erlaube dir selbst ein erfüllendes Leben

love

MEINE
ICH BINS,
DIE ICH LIEBE

CREATIVE ART PAGE

MEINE
ICH BINS,
DIE SICH WANDELN DÜRFEN

CREATIVE ART PAGE

Schritt 2
Verpuppen

Zeit des Rückzugs

Wenn wir eine Zeit lang im SEIN verbracht haben, kommt der Moment der Verpuppung. Es ist der Moment, wo wir feststellen, dass wir so nicht weiterleben wollen. Dass wir so nicht unsere Beziehung erfahren wollen oder unseren Beruf ausleben möchten. Dass wir so nicht familiäre Bindungen pflegen möchten usw.

Die Verpuppung beginnt in dem Moment, wo sich in uns das Gefühl regt: So will ich das nicht mehr erfahren oder ich will etwas anderes. Die Seele hat dann genug Erfahrungen in diesem SEIN-Abschnitt gemacht und ist bereit weiterzugehen. Sie ist bereit für neue Erfahrungen, für ein neues Stadium des Seins.

Aber wir schlüpfen selten von einem Seinszustand in den nächsten. In der Regel gehen wir durch den Phoenix-Prozess.

Also, die Seele hat genug Erfahrungen gemacht in einem Seinszustand und will weiter wachsen.

So wie eine Raupe sich dann einwickelt in einen Kokon, fängt die Seele an, sich zurückzuziehen und in Klausur zu gehen. Das fühlt sich häufig nicht so gut an. Das, was eben noch so schön hell und bunt war im Leben, kann dann von einem auf den anderen Moment fade wirken. Denn genau am Höhepunkt eines Seinszustandes entscheidet sich meistens die Seele, das die Zeit gekommen ist für den nächsten Entwicklungsschritt. Am höchsten Punkt angekommen, hat man auf diesem Berg das Schönste erfahren, was man eben erfahren konnte. Nun gilt es, die nächste Bergspitze zu wählen.

Die Seele wählt, in dem sie schaut, was nicht rund läuft im Leben, bzw. wo noch größere Schönheit verborgen liegt, die noch nicht gelebt wird. Darum rate ich auch: Beziehungen etc. nicht zu schnell aufzugeben, wenn es anfängt zu wackeln. Erstmal ausloten, ob hier nicht gerade ein Phoenix-Prozess stattfindet, um schönere Erfahrungen als Paar machen zu können.

Innenschau

Ja, manchmal muss man sich auch trennen, weil kein schöneres Potenzial mehr vorhanden ist, aber es ist ratsam, dies in Ruhe auszuloten, als stehenden Fußes alles über Bord zu werfen. Dies gilt nicht nur für die Beziehung. Auch für deinen Beruf, Freundschaften, Hobbies, Lebensziele. Alles darf sich wandeln, verändern und manches darf auch unser Leben verlassen, weil die Möglichkeiten der guten Erfahrungen sich erschöpft haben und neue Ziele uns rufen, um erfahren zu werden.

Je mehr du bewusst mit dem Phoenix-Prozess arbeitest, desto mehr wirst du genau diesen Moment der Verpuppung fühlen können. Er kündigt sich häufig schon auf dem Höhepunkt eines Seinszustandes an.

Erinnere dich: der Moment, vor einem Gewitter, wo alles ganz ruhig, ja fast ganz friedlich wird? So ungefähr fühlt es sich an, wenn die Zeit der Verpuppung kommt. Eine tiefe Ruhe und das Gefühl "es gibt jetzt gerade nichts zu tun". Genieße diesen Augenblick. Er ist heilig und ganz besonders. Danach kommt das Gewitter, sprich, die Zeit der Verpuppung beginnt.

Die Seele strebt unaufhörlich weiter und weiter. Sie muss sich verpuppen, um wachsen zu können, um sich wieder und wieder neu erfahren zu dürfen.

Im Verpuppungsprozess zieht sich alles zusammen. Wird alles klein, eng. Die Welt wird plötzlich grau und häufig fangen wir an, alles in unserem Leben in Frage zu stellen, obwohl doch noch vor einem kurzen Moment alles so schön erschien. Wir sind hier eingeladen, kein Tabula Rasa zu veranstalten, sondern erstmal achtsam in die Innenschau zu gehen, um uns wahrzunehmen, um uns zu erkennen und um letztendlich weise Entscheidungen für unser Leben zu fällen.

Das ist wichtig, denn die Seele plant hier neu. Sie sucht nach neuen Visionen, nach größeren Zielen, die sie als Nächstes verwirklichen kann.

Dafür zieht sie sich zurück. Dafür wird alles ganz ruhig und scheint zu sterben. Ja, der Sterbeprozess des Alten wird im Moment der Verpuppung eingeleitet. Das Alte hat sich überlebt und es ist Zeit, das Neue zu entwickeln. Das Neue entwickelt sich im Verpuppen und im Entpuppungsprozess. Wir dürfen erst im Geiste die Möglichkeiten durchspielen, um herauszufinden, was wir wirklich im realen Leben erfahren möchten. Dies ist häufig eine Zeit, in der wir uns sehr müde fühlen, schlapp, ausgelaugt. Wir brauchen hier Orte des Rückzuges.

Wir dürfen in solchen Zeiten gut für uns sorgen. Gut ausloten, ob wir nach außen gehen wollen oder lieber alles absagen, damit wir der Seele Raum zum Schöpfen geben können.

Keine Sorge, diese Zeit bleibt nicht ewig so, auch wenn einem schon das Gefühl im Verpuppungsstadium kommen kann. Man fühlt sich gefangen, eingeengt, das Leben nervt, ist zu klein, zu frustrierend. Die Suche nach deinem Seelen-Licht beginnt hier.

Wo fühlt sich dein Leben grau an?

Was würdest du gerne anders erleben?

Was frustriert dich?

Wonach sehnst du dich?

Tipps für Schritt 2

 **1** Gönne dir soviel Ruhe und Auszeit, wie möglich

Triff Entscheidungen aus dem Gefühl des Friedens heraus  **2**

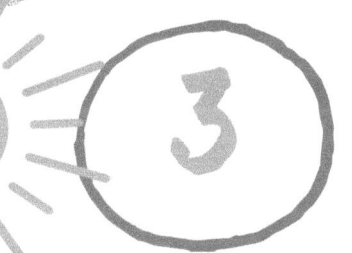 **3** Nimm dich und deine Gefühle wahr – ohne Schuldspiele

Die negativen Gefühle zeigen dir, wo die nächste Veränderung stattfinden darf  **4**

 **5** Ziel ist das Erreichen von Liebe zum Leben und zum Sein

MEINE NEGATIVEN GEFÜHLE

MEINE POSITIVEN GEFÜHLE

Schritt 3 Entpuppen

Zurück ins Licht

Über Entpuppung und die Tore des Entpuppens bzw. der Selbst-Befreiung, bzw. des Herausarbeitens aus unserem eigenen Kokon, konntest du am Anfang dieses Seelenarbeitsbuches schon einiges erfahren.

Man darf nicht vergessen, unser Verpuppen und Entpuppen findet ja immer, während unser Leben weiterläuft, statt. Auch wenn wir uns zutiefst danach sehnen, in der Verpuppung einfach nur noch im Bett liegen bleiben zu können, gehen doch die meisten von uns weiter ihren alltäglichen Verpflichtungen nach. Kinder wollen versorgt werden, Geld muss verdient werden, die Partnerschaft muss gepflegt werden usw.

Eine komplette Auszeit ist den wenigsten von uns möglich. Im Entpuppungsprozess ist es auch ganz gut, dass wir mitten im Leben stehen.

Denn hieraus können wir sehr wichtige Erkenntnisse ziehen, wie unser neuer Phoenix, oder unsere neue Farbe auf dem Schmetterlingskostüm aussehen darf.

Würden wir ganz abgeschieden vor uns hinleben, dann bedarf es eigentlich selten einer Wandlung.

Erst im Zusammenspiel mit anderen, bekommen wir die Gelegenheit, uns selbst zu erkennen. Unsere Triggerpunkte wahrzunehmen, die Momente zu sehen, wo es uns nicht gut geht, was uns emotional verletzt oder anstrengt. Im Zusammenspiel mit anderen können wir ausloten, wo die nächste Entwicklung bzw. Entfaltung hingehen darf. Was wir uns vorstellen, z.B. unter einer richtig guten Beziehung, unter einem erfüllten oder reichen Leben, unter dem Ausleben unserer Berufung usw. Denn all diese Seinszustände sind so mannigfaltig, wie es Menschen auf der Erde gibt.

Meine Vorstellung von einer guten Beziehung und einem reichen Leben wird sich unterscheiden von deiner Vorstellung und wiederum unterscheiden von einem Multimillionär. Das ist so. Aber im Entpuppungsprozess bekommst du die Gelegenheit herauszufinden, wo deine nächste Entfaltungsstufe hingehen darf und wie sie aussehen soll.

Was ist deine Angst vor Veränderung?

Wo fürchtest du eine Verschlechterung?

Welche Verbesserung wünschst du dir?

Wie geht es dir mit dem Loslassen?

ICH ALS SCHMETTERLING

CREATIVE ART PAGE

Tipps für Schritt 3

1 Erlaube dir, größer zu denken und größer zu sein

2 Glaub an dich und das Erreichen deiner Ziele und die Erfüllung deiner Wünsche

3 Du trägst bereits, alles in dir – fang an dich zu entfalten

4 Du darfst Fehler machen – lerne daraus und mache es nächstes Mal besser

5 Du entscheidest, was sich für dich gut anfühlt und was nicht

love

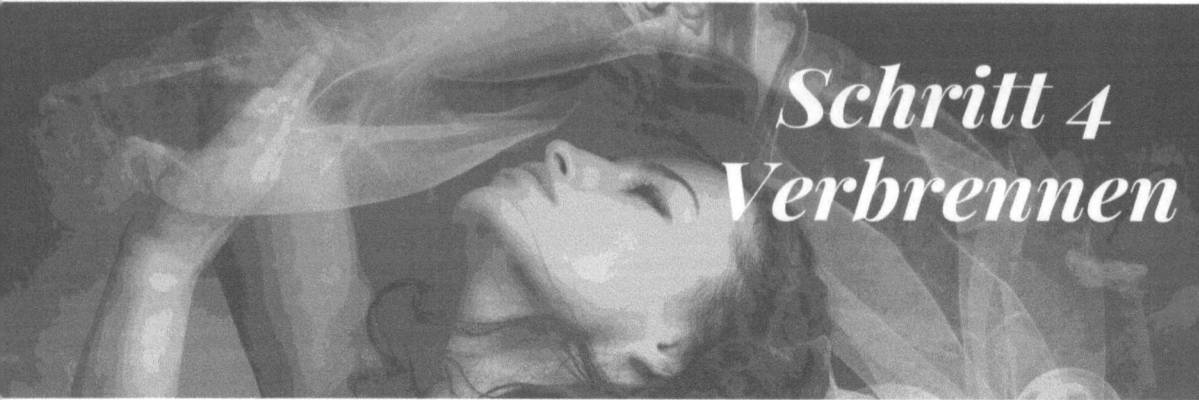

Schritt 4
Verbrennen

Zurück ins Leben

Dann kommt der besondere Moment, wo wir uns befreien und wieder ganz eintauchen in das Leben.

Während wir im Verpuppen und Entpuppen sind, scheint das Leben manchmal sehr fade, grau, und irgendwie, als wäre man gar nicht so richtig anwesend. Ja, das ist auch so. Während der beiden Phasen ist man mehr nach innen gekehrt und plant, denkt, fühlt, plant weiter, visioniert, steckt sich Ziele, hinterfragt seine Wünsche und Träume. Man ist mehr auf der Seite der Seelenwelt.

Aber dann kommt der Moment, wo die Zeit gekommen ist, die enge Hülle des Kokons oder der Schale wieder aufzubrechen und hinauszutreten in die Welt, damit man das, was man in der Verpuppung und Entpuppung erkannt hat, auch umsetzen kann. Damit die wahre Entfaltung auch stattfinden kann. Wir schlüpfen heraus und treffen auf das volle Licht. Das Alte verbrennt in diesem Licht, um Platz zu machen für das Neue.

Das Leben bekommt uns wieder und darf uns erfüllen mit dem, was da kommt. Aber vor allem darf unser Kokon, unsere Schale, vielleicht sogar unsere zu eng gewordene Schlangenhaut, verbrennen, zu Asche verfallen. Es hat sich überlebt. Unser Altes ist vergangen und zerfällt.

Und doch ist diese Asche essentiell wichtig,

denn daraus erwachsen wir. Die Vergangenheit gehört genauso zu uns wie unsere Gegenwart. Aus den Erkenntnissen und Erfahrungen des Vergangenen erwachsen unsere Visionen und Träume für unsere Zukunft. Aus dem Vergangenen schöpfen wir unsere Zukunftspläne. Darum ist die Asche so extrem wertvoll.

Darum lade ich einen jeden ein, sich zu bemühen, seine Vergangenheitsasche so wertvoll und nährend wie nur möglich zu machen, damit wir daraus auferstehen können, prachtvoll und wunderschön.

Denn das ist der nächste Schritt: Aus der verbrannten Asche unseres alten Seins erheben wir uns und entfalten unser neues Sein. Keine Sorge, es ist hier nicht gemeint, dass wir "nur" gute Erfahrungen machen müssen und dass die "schlechten" Erfahrungen auch schlechte Asche bedeuten. Im Gegenteil, manchmal sind sie das stärkste Fundament für ein lichtvolles Sein.

Welche vergangenen Ereignisse haben dich stark gemacht?

Was machst du von nun an besser?

Wie würdest du deine Asche der Vergangenheit beschreiben?

Welche Lebensereignisse haben dich geformt?

Tipps für Schritt 4

1 Hadere nicht mit der Vergangenheit – es lässt sich nicht ändern

Schätze im Jetzt die Chancen, dein Leben jederzeit zum Bessern zu wandeln

2

3 Feire die Zukunft für ihre unbegrenzten Möglichkeiten

Ehre dich und den Weg, den du bis hierhin gegangen bist.

4

5 Wandlung ist jederzeit möglich – du steckst nicht fest.

MEINE VERGANGENHEIT

CREATIVE ART PAGE

MEINE GEGENWART

CREATIVE ART PAGE

MEINE ZUKUNFT

Neue Farben – neue Möglichkeiten

Wir haben daran gearbeitet, unser Schmetterlingskostüm heller und farbenfroher zu formen, so dass wir nach der Verpuppung ein noch schöneres Leben erfahren können.

Nun gilt es jedoch auch, diese Flügel zu entfalten und auszuspreizen. Das Alte ist verbrannt, wir können nicht mehr dorthin zurück. Ich weiß, es gibt immer mal wieder Momente, wo man sich wünscht, dass man besser nicht „erwacht" wäre, wo man sich wünscht, einfach wieder zurückzugehen, wo vermeintlich alles einfacher und schöner war. Aber das Alte ist fort, der schützende Kokon oder das Ei nicht mehr existent. Wir dürfen nun lernen, mit unserem neuen Sein einzutauchen ins Leben.

Im Entfaltungsabschnitt stehen wir auf unserer vergangenen Asche und breiten unsere Flügel aus und dürfen schauen, wo sich ein neuer Farbklecks in unserem Seelenkleid zeigt.

In diesem Stadium geht es wirklich rein um das Wiedererwachen, die Asche unter unseren Füßen, wir stehend oben-auf, unsere Flügel bewegend. Du weißt, alles ist jetzt irgendwie anders, neu, ungewohnt. Du weißt noch nicht, wie es werden wird. Du kannst es ein bisschen so vergleichen, als wärest du gerade in eine neue Wohnung gezogen. Die Umzugskisten sind noch nicht ausgepackt, die Küche wurde noch nie benutzt, der Kühlschrank ist leer, die Dusche noch nicht ausprobiert.

Du bist schon in der neuen Wohnung, die alte ist abgeben. Es gibt kein Zurück. Aber angekommen in der neuen Wohnung ist man auch noch nicht.

So geht es dir vielleicht nach einer Trennung von deinem Partner, nach der Kündigung deines Jobs, nach der Gründung deiner Selbstständigkeit. Dieser Moment bzw. dieser Zeitabschnitt kann sehr viele Ängste und Unsicherheiten hervorrufen. Alte Muster und Programme, die man vielleicht Jahre lang verinnerlicht hat, funktionieren nun nicht mehr. Alles ist neu und ungewohnt. Wir werden lernen müssen, die neuen Flügel zu gebrauchen. Die neue Errungenschaft unseres Seelendaseins einzusetzen und für unsere Wünsche und Ziele nutzbar zu machen.

Was macht dir bei Neuanfängen am meisten Angst?

Worauf freust du dich am meisten bei Neuanfängen?

Wie kannst du die Geburt des Neuen feiern?

Was sind deine derzeitigen Stärken?

Tipps für Schritt 4

1 Erlaube dir, Angst zu fühlen, aber lass dich davon nicht Lähmen

Feire die Geburt des Neuen gebührend **2**

3 Erlaube dir, dich auf das Neue zu freuen

Lass dich nicht von den Sorgen oder Ängsten deines Umfeldes klein machen **4**

5 Erlaube dir, deine Größe zu leben und der Welt zu zeigen

love

ICH FEIERE DAS NEUE

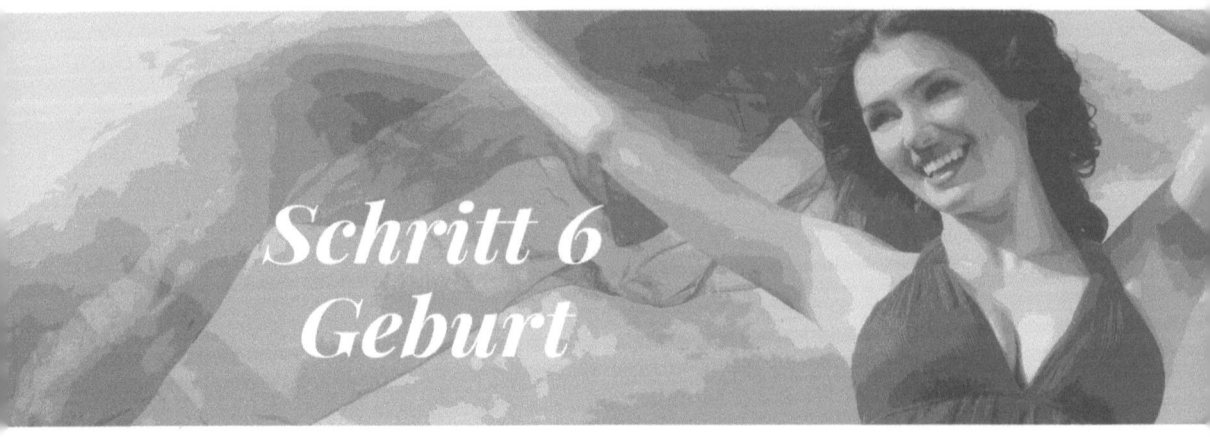

Schritt 6
Geburt

Wenn Wünsche wahr werden

Dann verlässt du deine neue Wohnung. Schaust dir deine neue Umgebung an. Fängst auch an, deine Umzugskisten auszupacken. Denn nicht alles wird verbrannt, oder sagen wir mal eher selten, dass ein Phoenix-Prozess so ausgelegt ist, dass wir sofort alles verbrennen. Das wäre in der Regel too much und systemüberfordernd.

Daher haben wir Altes, Liebgewonnenes auch mitgenommen in unser neues Zuhause. Wir werden sozusagen nicht völlig plan und leer hineingeboren in unser neues SEIN. Einige Dinge, einige Errungenschaften bleiben uns erhalten, mit denen wir weiterarbeiten können. Aber andere Dinge sind fort und wir müssen lernen, sie zu ersetzen mit unserem neuen Sein.

Du kannst es ein wenig vergleichen mit einer Ernährungsumstellung. Stell dir vor, du entscheidest dich, ab sofort glutenfrei zu leben.

Du wirst lernen müssen, völlig neu zu kochen, völlig neu einzukaufen, viel achtsamer und bewusster die Inhaltsstoffe der einzelnen Produkte wahrzunehmen usw. Du weißt, dass du kein Gluten mehr essen kannst, vielleicht weil du fühlst, wie sehr es dir schadet. Also bleibt dir nichts anderes übrig, als dich auf das Neue einzustellen. Aber viele liebgewonnene Nahrungsmittel bleiben dir auch erhalten, von denen du essen darfst, die du genießen darfst und die du mit deiner neuen Ernährung kombinieren darfst.

So verhält es sich auch mit einer „Seelenentwicklungsumstellung". Ein neuer Seinsstand wurde erreicht. Der alte, sich überholte Phoenix ist verbrannt und nun ist ein neuer wiedergeboren. Einiges „Schädigendes" ist fort und vieles Altes ist geblieben und wir fangen nun an, beides miteinander zu kombinieren und lernen, damit umzugehen.

Vieles ist daher neu und ungewohnt und es kann sich tatsächlich so anfühlen, als wäre man neu geboren worden, als würde das Leben jetzt noch mal neu beginnen, z.B. nach einer Trennung vom Partner, wenn die Kinder ausziehen, man gekündigt wird, Ortswechsel, die Eltern sterben usw.

Nicht vergessen, neben allen Ängsten, freue dich auf dein neues Sein.

Was möchtest du noch erfahren in deinem Leben?

Wo darfst du nun alte Wege verlassen, um neue
zu erkunden?

Was möchtest du noch lernen?

Worauf möchtest du dich jetzt freuen können?

Tipps für Schritt 6

1 Probiere neue Wege aus

Wandle dich solange, bis du dich gut fühlst in deinem Leben

2

3 Lebenszeit ist kostbar, mach sie so erfüllend wie möglich

Nicht irgendwann, sondern JETZT ist das Motto

4

5 Nimm die Gestaltung deines Lebens in die eigenen Hände

MEINE PHOENIX-GEBURT

CREATIVE ART PAGE

Eintauchen ins Leben

Irgendwann verschwindet das Gefühl des „neu geboren worden seins". Der Alltag und die Normalität haben uns wieder. Das Erstaunliche: In diesem Moment vergessen wir unsere eigene Schöpferkraft. Wir vergessen, wie alles neu und ungewohnt war, wie viele Ängste, Unsicherheiten und Sorgen wir vielleicht hatten, als wir am Neuanfang standen.

Wenn wir beim SEIN wieder ankommen, haben wir einen kompletten Phoenix-Prozess gemeistert und haben uns wieder ein Stückchen mehr selbst-befreit. Denn das ist Selbst-Befreiung.

Nicht alle Leinen auf einmal durchtrennen, ohne Sinn und Verstand von der Klippe springen. Nein, wieder und wieder, Stückchen für Stückchen tauchen wir mehr und mehr ein in unsere Selbst-Befreiung. Wir entpuppen uns mehr und mehr zu dem, wer wir wirklich sind, wer wir sein wollen und erfüllen so unseren Seelenauftrag.

Ich liebe den Phoenix-Prozess, aber du wirst sehen, dass das nicht allen so geht.

Gerade vor dem „Geboren" werden, vor dem „Verbrennen", vor dem Kokon haben viele Menschen Angst. Wenn die eigene Welt anfängt zu wackeln und wir nicht wissen, wie es weitergehen soll.

Der Prozess hat viele Knackpunkte, denen wir uns stellen dürfen, wo wir unsere Ängste und Sorgen überwinden dürfen, um weiterzukommen, um mehr und mehr erkennen zu können, welch sagenhafte Schöpferkraft in unserer Seele verborgen liegt und nur darauf wartet, sich mehr und mehr zu unseren Gunsten zu entfalten.

Aber, wenn man die Schritte kennt, wenn man darum weiß, dann braucht man keine Angst mehr zu haben. Wenn man weiß, dass es Zeiten der Verpuppung gibt, wo alles im Außen zu stagnieren scheint und alles irgendwie trostlos und ja fast leblos erscheint, dann kann man doch viel „entspannter" in diese Phase eintauchen. Wenn man weiß, dass es Zeiten gibt, wo es „anstrengend" wird, einfach weil wir dabei sind, unsere Schale oder den Kokon zu durchbrechen, dann können wir doch mit so viel mehr Kraft und Freude daran arbeiten, jetzt hinauszukommen.

Letztendlich ist jeder Schritt ein SEIN. Wir sind immer in jedem einzelnen Abschnitt und immer im Wandel, um noch großartiger zu sein.

Möge dein Weg wundervoll sein.

Wo kannst du dein Leben nicht genießen?

Was in deinem Leben stresst dich?

Wie kannst du es ändern?

Was in deinem Leben bringt dir Kraft und innerliche Freude?

Tipps für Schritt 7

1 Lerne auf deine Seinszustände zu achten

2 Erkenne, was dir gut tut und was nicht

3 Erlaube dir, dich zu wandeln

4 erlaube dir zu lernen

5 erlaube dir das beste Leben, welches du dir nur vorstellen kannst

ICH UND MEIN LEBEN

SEELEN
SPRAY

Phoenix

MAGIE REIHE

www.urvertrauen.de

Ich bin im stetigen
Wandel des Seelen-
Seins

MAGIE REIHE
PHOENIX

FREIER FLUG DER SEELE

ÜBERSICHT

Die Einladung zu erkennen, dass du niemals feststeckst, dass du immer auferstehen kannst aus jedem Sumpf, aus jeder Dunkelheit, aus jeder Verstrickung, jedem Machtmissbrauch. Deine Seele entfaltet sich für den freien Flug der eigenen großartigen Schöpfung. Der Phoenix gibt dir die Kraft und Macht hierfür

ALLGEMEIN

Farbe
gold-braun

Duft
edle Cognacnote
Ätherische Öle u.a. Vanille,
Tonkabohne

Reihe
Magie Reihe

STICHWÖRTER

- freie Flug der Seele
- Loslösen von ungünstigen Lebenssituationen
- große Transformations-Schutzmacht
- Verwandlung

ANZEICHEN

- sich gefangen fühlen im eigenen Leben
- destruktive Abhängigkeiten
- Loslassen der Ereignisse der Vergangenheit
- Aus der Asche neu geboren auferstehen
- Schöpfermacht

HINWEIS

Das Spray lädt dich ein, dich mit der machtvollen Energie des Phoenix zu verbinden. Jede Seele, die in Not ist und die Kraft des Phoenix ruft, wird erhört. Der Phoenix hilft uns dabei, die dunklen Stunden, die dunklen Zeiten zu überwinden, um in den freien Flug der Seele zu gehen zu unserer wahren Größe und Schöpfermacht

ANWENDUNG

- aus dem Sumpf und der Dunkelheit sich erheben
- in die wahre Seelen-Größe zu gehen
- Altes und Vergangenes friedvoll hinter sich lassen
- in die nächste größere Transformation eintauchen

SEELENFRAGEN

- Was hält dich noch in Abhängigkeiten in deinem Leben?
- Welche Schatten möchtest du jetzt überwinden?
- Welches lichte Sein möchtest du nun erreichen?

AFFIRMATIONEN

Jede Sekunde birgt einen Neuanfang für mich

Ich spreize meine Seelenflügel und fliege frei in meiner Schöpfermacht

Phoenix

Ich entfalte mein
Seelen-Sein

Diese Hürden darf ich jetzt meistern	Dahin möchte ich mich wandeln

Meine Notizen zum Spray

ICH VERNEIGE
MICH VOR DIR
UND DEINER
SCHÖPFUNG.
MÖGE SIE
LICHTVOLL UND
SEGENSREICH
SEIN.
DANKE FÜR DEIN
WIRKEN.
HERZENSGRÜSSE
DEINE JENNIFER

SOUL-TO-GO

für deine Seelen-Entfaltung
by Jennifer Weidmann

SELBST-BEWUSSTSEIN
Seelen-Entwicklungsfeld

SELBST-ACHTSAMKEIT
Seelen-Entwicklungsfeld

SELBST-LIEBE
Seelen-Entwicklungsfeld

SELBST-BEHERRSCHUNG
Seelen-Entwicklungsfeld

SELBST-ERKENNTNIS
Seelen-Entwicklungsfeld

SELBST-ERFÜLLUNG
Seelen-Entwicklungsfeld

SELBST-VERWIRKLICHUNG
Seelen-Entwicklungsfeld

SELBST-VERTRAUEN
Seelen-Entwicklungsfeld

AND MORE ARE COMING SOON

auf
amazon - bod - www.urvertrauen.de
und in jeder Buchhandlung bestellbar

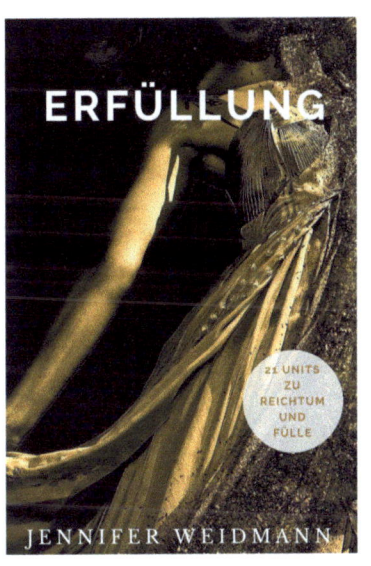

SEELEN SPRAYS

Düfte für deine Seelen-Entfaltung

Ätherische Duft-Kompositionen für

Deine Seele

www.urvertrauen.de
by Jennifer Weidmann

**SCHAU VORBEI - FÜR EIN
GROSSARTIGES LEBEN**

URVERTRAUEN-AKADEMIE

Das Tor für deine Seelen-Entfaltung

online Kurse für

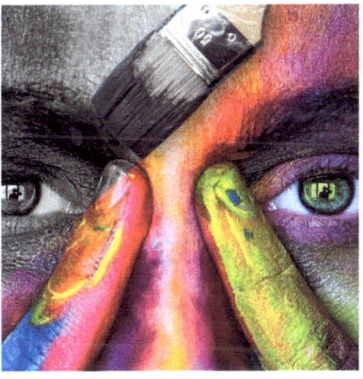

Deine Seele

www.urvertrauen-akademie.de
by Jennifer & Oliver Weidmann

**SCHAU VORBEI - FÜR EIN
GROSSARTIGES LEBEN**